ÉTUDE BIOGRAPHIQUE

SUR

M. LE COMTE DE VILLÈLE

MINISTRE DES FINANCES

Sous Louis XVIII et sous Charles X;

PAR

M. P. SUAU de L'ESCALETTE,

Avocat près la Cour d'appel de Toulouse,

Membre de la Société des gens de lettres, des hautes études à la Sorbonne, du Bureau des beaux-arts à Toulouse.

Prix : 75 centimes.

TOULOUSE	PARIS
J. VIEUSSE, Libraire	Ch. DOUNIOL, Libraire
Rue des Arts, 14.	Rue de Tournon, 29.

1876

27
L n
29589

ÉTUDE BIOGRAPHIQUE

SUR

M. LE COMTE DE VILLÈLE

MINISTRE DES FINANCES

Sous Louis XVIII et sous Charles X;

PAR

M. P. SUAU de L'ESCALETTE,

Avocat près la Cour d'appel de Toulouse,

Membre de la Société des gens de lettres, des hautes études à la Sorbonne, du Bureau des beaux-arts à Toulouse.

TOULOUSE | PARIS
J. VIEUSSE, Libraire | Ch. DOUNIOL, Libraire
Rue des Arts, 14. | Rue de Tournon, 29.

1876

Droits de reproduction et de traduction réservés.

Toulouse, imprimerie Pinel, place Lafayette, 5.

ÉTUDE BIOGRAPHIQUE

SUR

M. LE COMTE DE VILLÈLE

> Verùm illi delubra deorum pietate
> domos suâ gloriâ decorabant.
> (SALLUSTE).

Pour satisfaire soit à la curiosité ou à la frivolité de certains lecteurs, soit poussés par le désir de faire un volume de ce qui ne devrait remplir que peu de pages, les auteurs en arrivent quelquefois à jeter de l'ombre et de l'incertitude dans la vie des grands hommes. « Plutarque, disait Courier, ferait gagner à Pompée la bataille de Pharsale si cela pouvait arrondir tant soit peu sa phrase » — (Discours prononcé par Prosper Mérimée à l'académie française, 6 février 1845).

C'est pourquoi il n'est pas rare de voir un simple récit, encadré et considérablement augmenté de détails inutiles, de traditions ou de légendes populaires, d'observations oiseuses, et enfin ce qui, selon nous, est plus dangereux encore, d'éloges complaisants, de critiques injustes ou d'allusions blessantes.

C'est donc dégagé de tout esprit politique et de parti pris que nous exposons loyalement notre opinion à l'égard d'un homme honnête et consciencieux.

Nous le répétons, afin que nos lecteurs en soient dores et déjà bien avertis, nous nous plaçons, avant tout, sur un terrain entièrement neutre. Ainsi, dans cette modeste Etude, point de couleurs, point d'opinions politiques mises en parallèle.

On dit qu'à la vue de l'Apollon, le corps se redresse et prend une plus digne attitude; au souvenir d'une belle vie, l'âme doit se sentir de même, relevée et ennoblie.

Plutarque, Salluste et Suétone auraient-ils eu, eux seuls, le privilège de tracer la vie des grands hommes sans qu'on ait eu le soin de scruter et d'analyser leurs intentions? La liberté (mais celle de bien dire et de bien faire) et la loyale indépendance de l'historien seraient-elles lettres mortes à une époque où il circule dans l'air comme un souffle régénérateur? à une époque enfin où tant de peuples éprouvent un superbe orgueil de s'abriter sous le drapeau de la France, qui, avouons-le hautement, rappelle de si nobles et de si brillants souvenirs?

Quoiqu'il en soit, lecteur, le peu de mérite de cette Etude, ou mieux de ce modeste opuscule et la plume inexpérimentée de l'auteur, n'auront pour égide que cette judicieuse réflexion de Montaigne : « Le bien faire se juge par la seule intention. »

Ceci posé, permettez-moi d'entrer en matière.

M. le comte de Villèle est un contemporain, et à ce titre, l'étude biographique de cet homme célèbre que la cité toulousaine est fière, à bon droit, d'avoir eu pour chef aux premiers jours d'une époque orageuse et tourmentée, n'était pas sans difficulté.

Si, comme tous les esprits éminemment supérieurs, M. le comte de Villèle excita des sympathies ardentes et des dévouements passionnés, on n'ignore pas non plus que des haines atroces, profondes, implacables le poursuivirent dans sa carrière d'homme d'état avec un acharnement dont nos luttes parlementaires offrent malheureusement trop d'exemples.

Mais nous avons pensé que les passions politiques

devaient s'éteindre en face d'une tombe, fût-elle fermée d'hier; en effet, M. le comte de Villèle appartient désormais à l'histoire.

Jean-Baptiste-Guillaume-Marie-Anne-Joseph, comte de Villèle, est né au château de Morvilles, dans le Lauragais, le 14 avril 1773.

Son père, le comte de Villèle, était le descendant d'une des plus illustres maisons espagnoles — les Villela. Dans ses veines coulait le sang de ces preux chevaliers castillans qui déployèrent tant d'héroïsme dans les guerres contre les Maures.

Un Villela figure parmi ces champions du catholicisme qui s'immortalisèrent au siège de Grenade, et ce nom glorieux se retrouve encore dans les fastes de la puissante et colossale monarchie fondée par Charles-Quint.

M. le comte de Villèle fit de bonnes et fortes études au collège royal de Toulouse, alors un des foyers intellectuels les plus lumineux de la France méridionale, en même temps qu'il puisait au sein d'une famille patriarchale l'exemple de toutes les vertus du gentilhomme et de l'homme privé.

Vers la fin du XVIIIe siècle il n'y avait, pour les jeunes gentilhommes, que deux carrières : l'épée du soldat et la robe du prêtre.

M. de Villèle entra dans la marine; il partit, pour explorer les mers des Indes, en compagnie du contre-amiral de Saint-Félix.

La révolution de 1793 le surprit à l'Ile-de-France, déjà pourvu du grade d'aide-major de la division navale.

Nourri dans les principes monarchiques les plus purs, M. de Villèle brisa son épée et refusa de servir un gouvernement couvert du sang de l'infortuné Louis XVI.

Mais il ne tarda pas à subir les conséquences de son acte de loyauté. La persécution politique s'acharna après lui et le força à chercher un refuge à l'Ile-Bourbon.

Là, caché à tous les yeux, sous l'humble et modeste

vêtement de planteur, il se livra entièrement à l'exploitation d'un riche domaine colonial dont il avait acquis la propriété.

Dans cet asile, où la tourmente révolutionnaire eut peu d'écho, l'amour et l'hymen lui donnèrent une compagne avec laquelle il revint en France dans le courant de l'année 1807.

Morvilles abrita l'ancien proscrit de 1793. — Et tandis que le canon de l'empire grondait sur l'Europe épouvantée, et que nos immortelles phalanges plantaient le drapeau tricolore sur toutes les capitales, M. le comte de Villèle partagea son temps entre les joies de la famille, les travaux agricoles et les sessions du conseil-général de la Haute-Garonne où l'avait appelé la confiance de ses concitoyens.

La Restauration enleva M. de Villèle à sa vie paisible pour le lancer sur la mer orageuse de la politique. Le duc d'Angoulême le nomma Maire de Toulouse.

Dans ces jours difficiles de 1815 où notre belle patrie eut à déplorer de funestes excès et de sanglantes réactions, M. de Villèle se montra administrateur vigilant et surtout homme de bien. M. de Rémusat était alors préfet de la Haute-Garonne.

Son inébranlable fermeté mit un frein aux passions brûlantes du moment, calma les craintes, assoupit les haines, et tout en restant fidèle aux principes du royalisme le plus pur, il tendit aux proscrits des cent jours une main clémente et secourable.

La sagesse, la prudence, l'humanité du comte de Villèle, sa vie laborieuse et pure le désignèrent aux suffrages de ses concitoyens qui l'envoyèrent à la chambre des députés.

Arrivé à Paris et mêlé à la foule des législateurs chargés de développer les institutions nouvelles, l'élu de la Haute-Garonne ne tarda pas à se faire remarquer par la profondeur de son jugement, la lucidité de sa discussion, la sincérité de ses convictions et l'éloquence de sa parole à la fois calme et acérée, précise et véhémente, mais toujours planant en dehors de la sphère irritante des personnalités.

Un discours sur l'administration provinciale où le système de centralisation était vivement combattu, une brillante discussion sur la loi d'amnistie, où il se montra inflexible à l'idée de pactiser avec les régicides valurent à M. de Villèle des témoignages non équivoques de sympathie de la part des villes dont il défendait chaleureusement les intérêts et de la part du souverain dont il défendait l'honneur et le drapeau.

Son nom, dès lors, signalé à l'attention publique et à la haute bienveillance du Roi, s'enveloppa de cette auréole de célébrité que les événements devaient grandir encore.

Chacun sait combien fut désastreuse l'année 1817 au point de vue de la cherté des subsistances. La France, épuisée par une double invasion, en proie aux horreurs de la disette, eut à traverser une des crises les plus douloureuses de l'histoire contemporaine.

Dans ces circonstances critiques, M. le comte de Villèle, ému des souffrances de ses concitoyens, se fit un devoir de reprendre les fonctions de Maire de Toulouse. Grâce à son énergie persistante, à son habileté bien connue, à la confiance illimitée dont il était investi, il parvint, malgré les vexations de tout genre qu'on lui suscita, sinon à conjurer, du moins à atténuer parmi ses administrés les rigueurs de l'horrible fléau.

La session de 1818 parvint à faire briller le talent oratoire de M. de Villèle sous un jour tout nouveau.

Le maréchal Gouvion-St-Cyr, alors Ministre de la guerre, venait de présenter le fameux projet de loi relatif à la réorganisation de l'armée, œuvre utile, humaine et juste, sans doute, mais entachée, aux yeux des contemporains, d'un esprit de retour vers les institutions militaires de l'Empire que le sentiment public répudiait alors, et auxquelles il attribuait, non sans raison peut-être, l'excès des souffrances du pays dans les deux invasions de 1814 et 1815.

M. le comte de Villèle monta à la tribune, et avec sa vigueur de diction accoutumée, attaqua une loi qui, selon lui, « réorganisait dans chaque canton les débris de l'armée de la Loire. »

La loi passa ; mais l'impression causée par le discours du député de la Haute-Garonne fut d'autant plus profonde qu'on le croyait complètement étranger à une matière qui exige des connaissances toutes spéciales.

On peut ne pas partager les opinions émises à cette époque par M. le comte de Villèle au sujet de la réorganisation de notre armée nationale, car l'expérience a prouvé depuis combien étaient larges et profondes les vues du maréchal Gouvion-St-Cyr ; mais la bonne foi et la sincérité de M. de Villèle éclatent ici au grand jour; royaliste ardent et convaincu, il se crut obligé de combattre une loi qu'il regardait comme dangereuse, inconstitutionnelle et contraire à la prérogative royale.

C'est à cette époque qu'il se démit des fonctions de Maire de Toulouse qu'il croyait incompatibles avec celles de député.

Si la cité de Clémence-Isaure regretta l'administrateur, les pauvres regrettèrent un bienfaiteur et un père.

Pendant les trois ans que dura sa gestion, les 6000 fr. d'émoluments que comportaient les fonctions de magistrat de la ville furent intégralement abandonnés aux indigents.

L'assassinat du duc de Berry, poignardé par Louvel, à la sortie de l'opéra, provoqua l'indignation de la France tout entière et la fit tressaillir d'un légitime effroi.

M. le duc de Richelieu, que d'importants services recommandaient à la haute bienveillance du Roi et à la confiance de la Chambre, remplaça M. Decazes à la présidence du Conseil.

M. de Villèle prêta à ce nouveau cabinet l'appui de

sa parole et de son talent, et contribua par ses succès de tribune au rétablissement de la censure, mesure toujours grosse d'irritation et d'impopularité, il est vrai, dictatu morale que s'arroge un gouvernement dans des ten..,s de troubles et de perturbations politiques et que la nécessité justifie, si l'imprescriptibilité de la liberté humaine ne l'absout pas.

A la lecture du projet de loi, la rumeur fut extrême dans la Chambre, les implacables adversaires de la royauté, abrités sous le masque trompeur du libéralisme, jetèrent à la face de M. de Villèle et à celle de la faction politique qui gravitait dans son milieu les mots accusateurs d'ennemis des libertés publiques.

— «Non, s'écria M. de Villèle, enflammé d'une généreuse indignation, — non, nous ne sommes pas les
» ennemis des libertés publiques, car c'est par elles
» que le trône doit s'affermir et que l'opinion publique
» doit cesser d'être égarée.

» Dans les circonstances difficiles où nous sommes,
» le Roi a senti la nécessité d'une mesure extraordinaire
» et l'a proposée aux Chambres. J'ai dit mon opinion
» sur de telles mesures, j'ai dit que je n'en étais pas
» le partisan; que je n'avais pas de confiance dans le
» résultat que l'on en espère. Mais quand le Gouver-
» nement, qui connaît la position actuelle de l'Etat,
» les obstacles qu'il a à vaincre, les dangers qu'il
» a à prévenir, quand le Gouvernement, dis-je, de-
» mande une mesure, est-ce à moi de la juger?
» puis-je la refuser sans me rendre responsable des
» effets funestes que pourrait avoir mon refus?

» Messieurs, je soutiens qu'il existe dans cette partie
» de la salle tout autant d'amour pour les libertés pu-
» bliques que dans toutes les autres, et je ne puis
» souffrir que l'on m'accuse d'en être l'ennemi, quand
» je soutiens une mesure exceptionnelle et temporaire
» que le Gouvernement juge indispensable. »

Le ministère de Richelieu, faible et irrésolu, succomba sous un vote écrasant de la Chambre, et le Roi Louis XVIII, toujours vacillant depuis la retraite de M. Decazes, parut entrer résolûment dans la voie que lui traçaient depuis longtemps les royalistes éprouvés et sincères.

Le duc de Bellune fut nommé à la guerre, — M. de Peyronnet à la justice, — M. le marquis de Clermont-Tonnerre à la marine, — M. de Montmorency aux affaires étrangères, — M. de Villèle reçut le portefeuille des finances, — et son Pylade politique, M. de Corbières, reçut celui de l'intérieur.

Au Ministère comme à la Chambre, M. de Villèle obtint bientôt le premier rang, grâce à son talent et à l'incomparable science des affaires qu'il possédait au plus haut degré.

L'opinion publique, avec cette sagacité qui l'abandonne rarement, ne s'y trompa point; et le nom de Ministère de Villèle fut bientôt accolé par elle à la nouvelle réorganisation politique du cabinet.

Pendant les huit mois que dura son administration, M. le comte de Villèle se montra constamment à la hauteur de sa tâche ardue et difficile.

Il justifia la confiance du Roi par des talents hors ligne, en même temps que sa droiture, sa probité, sa rigidité imposèrent silence aux calomnies acharnées des partis.

Peut-être a-t-on justement blâmé la guerre d'Espagne de 1823, dont il fut, disons-le, le promoteur le plus ardent. Ces interventions armées dans les affaires des rois et des peuples peuvent et doivent rencontrer des contradictions passionnées. (Salignac-Fénélon, Archevêque-Duc de Cambrai, dans ses mémoires sur la guerre de la succession d'Espagne, 28 août 1701, déclare qu'il « ne faut pas irriter les Espagnols. »)

Mais si une conviction sincère est une excuse aux yeux de l'incorruptible histoire, ce n'est point à nous à jeter l'opprobre sur un acte politique que la France abrita de son drapeau et pour lequel coula le sang de ses héroïques soldats.

Chargé par intérim du Ministère des affaires étrangères pendant l'absence de M. de Montmorency, alors au congrès de Vérone, M. le comte de Villèle suivit une politique toute française, trop française peut-être, puisqu'elle lui valut l'inimitié de l'empereur Alexandre de Russie. Mais Louis XVIII le récompensa en lui envoyant le cordon de l'ordre du St-Esprit, et en accompagnant ce don royal de paroles flatteuses comme savait parfois les trouver l'auteur de la Charte.

« Pozzo et la Ferronays, lui dit-il, viennent de me
» faire donner un soufflet sur votre joue par l'empereur
» Alexandre; mais je vais lui donner chasse et le payer
» en monnaie de meilleur aloi : Je vous nomme, mon
» cher Villèle, chevalier de mes ordres ; ils valent mieux
» que les siens. »

Mais c'est surtout comme financier que M. de Villèle a laissé un nom justement célèbre.

C'est dans les inextricables labeurs du maniement des finances publiques qu'on vit s'épanouir dans tout son éclat cette intelligence robuste d'un administrateur consommé, jointe à l'incorruptibilité du gentilhomme et de l'homme privé.

La vie des personnages politiques a, dans tous les temps, offert un champ de bataille aux écrivains les plus consciencieux.

Les opinions sont exclusives en cette matière où la passion semble avoir le privilège d'être seule écoutée.

Si la louange souvent intéressée des uns élève un piédestal à un homme d'état, le dénigrement tout aussi systématique des autres couvre de boue l'idole de la veille.

Il suit de là, que les assertions les plus contradictoires, parfois même les plus erronées, se croisent en tous sens, et la vérité, au nom de laquelle se fait tout ce bruit, reste couverte d'un voile.

Mais pour les hommes d'état des temps modernes, le mal n'est pas irréparable ; au moyen de documents de toute espèce, il est facile à l'historien loyal et sincère de mettre en lumière les grandes choses, de réfuter les calomnies ; en un mot, de dégager la vérité de toutes les scories dont l'ont enveloppée l'esprit de parti et la malignité des contemporains.

La conversion des rentes et le milliard d'indemnité qui excitèrent tant de clameurs et provoquèrent une irritation si grande sont aujourd'hui sainement appréciés par la froide et juste postérité; et de même qu'après un violent orage, le soleil, un moment obscurci, reparaît plus brillant et plus pur, de même la gloire de M. le comte de Villèle, ballottée par les tumultueuses tempêtes de la Restauration, resplendit sans conteste sur le ciel azuré de l'histoire contemporaine.

En 1824, les rentes 5 % ayant atteint le cours de 100 francs, M. de Villèle, dans le but de diminuer les charges du pays, de développer le crédit public, eut l'idée lumineuse et féconde de rembourser ce capital avant qu'il eût dépassé le *pair*, et de remplacer un fonds stérile et sans avenir par la création des rentes 3 % au taux de 75 fr. Cette mesure dont le moindre résultat était de faire refluer les capitaux vers le commerce et l'industrie, offrait en outre, à ceux qui accepteraient l'échange, des moyens certains et nouveaux d'accroître leur capital. Qui le croirait! on cria de tous côtés à la spoliation. Les intentions du Ministre furent outrageusement perverties. Seul, M. Laffitte, si expert en pareille matière, ne s'y trompa point.

« Monsieur le Ministre, dit-il à M. de Villèle, vous
» avez eu le grand tort de voir plus vite et plus juste
» que les autres. »

Mais ce n'est pas impunément qu'on devance son époque, et l'histoire de Galilée est de tous les temps et de tous les âges.

Lamartine, dans une de ses méditations poétiques, intitulée Ferrare, dit :

« Prison de Tasse ici, de Galilée à Rome,
Echafauds de Sidney, bûchers, croix ou tombeaux,
Ah! vous donnez le droit de bien mépriser l'homme
Qui veut que Dieu l'éclaire et qui hait ses flambeaux. »

De misérables tracasseries, de mesquines intrigues, des escarmouches de presse firent échouer une mesure que réclamaient impérieusement le bon sens et l'intérêt largement compris du crédit public.

Louis XVIII fut indigné: « Villèle, dit-il au Ministre, « avec une émotion mal contenue, ne m'abandonnez pas « à ces.......... je vous soutiendrai. »

Le vieux roi n'eut pas le temps de réaliser sa promesse, et les caveaux de Saint-Denis s'ouvrirent bientôt pour recevoir sa dépouille mortelle.

Charles X monta sur le trône, et le nouveau souverain continua à M. le comte de Villèle la haute confiance dont son auguste frère n'avait cessé un seul instant de l'honorer.

Rendre aux émigrés les biens dont les avait dépouillés une révolution sanglante, ou tout au moins les indemniser de la perte d'une fortune territoriale acquise par leurs aïeux, était depuis longtemps le rêve caressé par Charles X, cœur noble, sensible et généreux.

C'était à la fois une mesure de justice et de prudence; elle fermait à tout jamais les plaies de nos discordes civiles; d'un côté en mettant fin aux éternelles récriminations des victimes; de l'autre, en calmant chez les acquéreurs des dépouilles une inquiétude dangereuse née du retour obligé de l'émigration.

A la faveur d'une administration exceptionnelle, les finances étaient dans l'état le plus florissant; les fonds publics s'étaient élevés et la confiance, base du crédit, était complètement rétablie.

M. le comte de Villèle s'inspirant de la généreuse initiative du Roi, vit alors que le moment était venu de réaliser un projet destiné, selon lui, à réparer la plus criante des injustices, à réconcilier les partis et à dissiper les derniers orages de la révolution.

Vous savez, lecteurs, avec quelle acrimonie haineuse a été jugée la loi de l'indemnité « cette grande amnistie mutuelle de toutes les fortunes » comme l'appelle l'illustre auteur des Girondins

La justice, parfois, peut être longtemps méconnue et comme les peuples, à un moment donné, désigné par la Providence, elle reprend le terrain qu'elle a perdu ; ainsi, reparaissant tout-à-coup, elle revendique ses droits imprescriptibles mais quelquefois oubliés.

Aujourd'hui que le débat est clos et l'arène déserte, il reste une grande œuvre accomplie, et le nom de M. de Villèle qui eut la gloire d'y concourir ne périra pas plus que celui du Souverain qui eut assez d'intelligence dans le cœur pour la concevoir et l'ordonner.

Nous ne suivrons pas M. de Villèle dans ses luttes de tribune où on le vit défendre pas à pas et avec une indomptable énergie les principes monarchiques battus chaque jour en brèche par les passions mauvaises, les ambitions maladives et les intrigues des coteries *prétendues* libérales.

Jamais le drapeau de la royauté ne fut tenu si haut et si ferme, ni par des mains aussi vaillantes et aussi dévouées. Faut-il dire toute notre pensée, M. de Villèle était un esprit libéral.

On accuse M. le comte de Villèle d'une ambition démesurée et d'un amour effréné pour le pouvoir ; — non, ce n'est pas être ambitieux, dans le sens vulgaire qu'on attache à ce mot, que de désirer le premier rang, quand on a la certitude de l'occuper dignement et d'y faire le bien.

Qui oserait dire que Colbert est un ambitieux et que Sully ne rechercha dans le pouvoir que les basses satisfactions de l'orgueil et de l'égoïsme ?

M. de Villèle tomba dignement du Ministère, emportant dans la vie privée des mains pures et une conscience nette.

S'il quitta la vie politique avec un regret, ce fut celui de laisser un roi qu'il aimait jusqu'à l'idolâtrie aux prises avec les exigences toujours croissantes de l'esprit révolutionnaire dont il voyait les flots envahir le trône comme une marée toujours grondante; ses funestes prévisions ne furent que trop tôt réalisées, et moins de deux ans après sa retraite du Ministère, Charles X reprenait encore une fois la route d'un exil qui devait être le dernier.

L'ouragan des trois journées de juillet, qui emportait dans son tourbillon une dynastie pendant tant de siècles l'honneur de notre patrie, n'arriva que comme un écho affaibli dans sa modeste retraite où — nouveau Cincinnatus — M. le comte de Villèle se reposait de ses fatigues et de ses travaux d'homme d'état.

Malheureuse France! malheureux Roi! telles furent les paroles qui s'échappèrent de son âme abreuvée d'amertume et de chagrins.

Quiconque a un culte au cœur, un amour dans l'âme, comprendra combien dut souffrir cet homme dont la vie n'avait été qu'un long dévouement à la royauté.

Que M. le comte de Villèle ait partagé les croyances politiques des signataires des fatales ordonnances de juillet, cela est hors de doute, mais il est hors de doute aussi, que, homme d'intelligence pratique en même temps que de convictions fermes et arrêtées, M. le comte de Villèle n'eût jamais conduit la royauté de Charles X dans ce casse-cou sans issue, où l'entraînèrent des dévouements respectables, mais aveugles et irréfléchis. D'autres prétendent qu'il attendait une occasion pour rentrer au Ministère; nous n'oserions approuver cette opinion que rien ne justifie.

Pendant ces jours amers et sombres des illusions perdues et des efforts trompés, les saintes consolations de la famille étaient devenues plus que jamais nécessaires à M. le comte de Villèle en proie aux souffrances de l'âme et du corps; elles ne lui firent point défaut. Et ce fut au milieu des siens, entouré de l'estime et de la considération des gens de bien, qu'il passa les dernières années d'une vie si utilement remplie et qu'une mort douce et chrétienne devait clore dignement.

M. le comte de Villèle est mort à Toulouse, le 13 mars 1854, fidèle aux convictions et aux sentiments de sa vie entière et faisant jusqu'à ses derniers moments des vœux pour le pays qu'il avait si noblement servi.

Dans cette Etude rapide et peut-être incomplète de la vie de M. de Villèle, j'ai essayé d'honorer les actes du financier éminent que la France réclame comme une de ses illustrations.

Que son ombre reçoive le pieux hommage de mes respects.

Ma satisfaction serait grande, si cet opuscule devait contribuer à placer le buste de M. de Villèle dans notre Panthéon Toulousain qu'il a illustré pendant tant d'années de sa présence et de son souvenir.

Puissé cette statue, dont nous appelons de tous nos vœux l'exécution, piquer d'honneur tous les hommes de cœur et d'intelligence, sans distinction de caste ou de parti. La France, même en ses temps de calamité, a toujours su distribuer des couronnes au génie et au talent. L'apothéose des illustrations nationales est un aiguillon nécessaire aux peuples; c'est elles qui leur montrent la voie du juste, du noble et du beau.

TOULOUSE, IMPRIMERIE PINEL, PLACE LAFAYETTE, 5.

Du même Auteur :

Etude sur la loi d'Emprunt, relative à l'achèvement des chemins vicinaux en France.

Etude sur un système financier en Espagne, précédée d'une lettre autographe de Son Exc. Emmanuel Ruiz de Zorilla, ex-président du conseil des ministres, ex-ministre des finances en Espagne.

Etude historique sur l'abbaye de l'Escaledieu (*) de l'ordre de Citeaux, près Tarbes (Hautes-Pyrénées).

Etude sur l'objet de la Comédie et sur Molière.

Réflexions sur la reconstruction du Musée de Toulouse.

Etude sur la Critique en général.

Etude sur la Statue d'Ingres, à Montauban (Tarn-et-Garonne); Ingres fut l'élève et l'ami de M. Suau, peintre d'histoire, directeur de l'école des Arts de Toulouse, chevalier de la légion-d'honneur, membre et lauréat de plusieurs académies.

POUR PARAITRE :

Notice biographique sur Jean-Antoine Gros, peintre en miniature à Toulouse, et père du baron Gros, peintre de batailles.

(*) La dénomination de l'Escalette provient d'un domaine ayant appartenu à la susdite abbaye.

www.ingramcontent.com/pod-product-compliance
Lightning Source LLC
Chambersburg PA
CBHW060638050426
42451CB00012B/2664